LETTRE

DU

GÉNÉRAL JOMINI

A

M. CAPEFIGUE,

SUR SON HISTOIRE D'EUROPE PENDANT LE CONSULAT
ET L'EMPIRE.

PARIS,

TYPOGRAPHIE DE FIRMIN DIDOT FRÈRES,
IMPRIMEURS DE L'INSTITUT, RUE JACOB, 56.

1841.

LETTRE

DU

GÉNÉRAL JOMINI

A

M. CAPEFIGUE,

SUR SON HISTOIRE D'EUROPE PENDANT LE CONSULAT
ET L'EMPIRE.

Monsieur,

L'historien le plus scrupuleux peut être entraîné à dire du mal de ses contemporains quand il les juge sur de faux renseignements. Dans ce cas, s'il est homme d'honneur, il s'empresse de réparer le tort involontaire qu'il a pu causer, ainsi que vous venez de le faire à mon égard, de la manière la plus loyale, en promettant de redresser les erreurs qui me concernent dans votre Histoire d'Europe sous l'Empire (tome X, campagne de 1813).

Mais quelque reconnaissant que je sois de votre obligeante lettre du 24 décembre, je dois néanmoins vous faire observer qu'elle resterait à peu près sans résultat pour moi, si vous refusiez de communiquer votre opinion rectifiée aux nombreux lecteurs de votre première édi-

tion ; ce qu'il serait aisé d'effectuer, en joignant les obser-
vations ci-après au volume qui va être mis sous presse.

Les points contre lesquels je crois devoir réclamer, sont
au nombre de trois : le premier concerne mon passage au
service de Russie, ou plutôt aux circonstances qui le provoquèrent ; le second est la prétendue communication,
aux alliés, d'un plan que je n'ai jamais connu ; le troisième, enfin, est relatif à la calomnieuse imputation d'avoir
négocié l'entrée des alliés en Suisse.

La brochure contenant ma correspondance avec M. le
baron de Monnier, et avec M. Cassaing, secrétaire général du ministère de la guerre sous le maréchal Saint-
Cyr, vous a déjà indiqué les motifs qui m'ont conduit à
passer en 1813 au service de Russie ; il ne sera cependant
pas superflu de les rappeler ici, en les faisant précéder
d'une observation indispensable pour les mieux apprécier.

Je n'avais point pris la carrière militaire par devoir
envers mon pays ; je l'avais bien moins prise encore
comme un mercenaire qui ne demande qu'un emploi, car
j'avais quitté la position lucrative de financier pour être
lieutenant. J'avais donc pris les armes vers la fin de
1798, parce que, dès l'âge de dix-huit ans, je compre-
nais la guerre comme je la comprends aujourd'hui (1).
Il était naturel, dès lors, que les exploits homériques du
jeune général qui faisaient tourner toutes les têtes, et dont
j'avais saisi les principes fondamentaux dans leurs plus
brillantes applications, me parussent offrir un chemin

____

(1) On ne m'accusera pas d'en imposer, si l'on pense qu'à vingt-
trois ans je composai mon premier traité des grandes opérations
militaires.

assuré vers la gloire et la fortune, pour quiconque saurait les bien comprendre et les imiter.

Enthousiaste comme on l'est à vingt ans, et comme on l'était dans ce temps-là plus qu'à aucune autre époque, je n'aspirais à rien moins qu'à obtenir un jour, sinon le commandement d'une armée, du moins celui d'une grande fraction d'armée, ou bien un de ces emplois de major-général, qui donnent une part essentielle à la direction des grandes opérations et à l'honneur qui en résulte. C'est de ce point de vue qu'il faut partir, pour bien juger toutes les vicissitudes de ma carrière.

Le premier motif qui me décida donc à quitter le service de France pour celui de Russie, c'est qu'étant étranger et servant la France volontairement, je me croyais fort en droit de porter ailleurs mon épée et ma tête, dès que je me sentirais méconnu et maltraité, ou que le drapeau sous lequel je m'étais placé, cesserait d'être l'emblème de mes principes.

Le second motif consistait dans des griefs fondés sur l'injustice avec laquelle on m'avait traité à plusieurs reprises depuis 1806; griefs qui me portèrent dès 1810 à demander ma démission, et à me rendre en Suisse pour offrir mes services à l'empereur Alexandre, dont toute l'Europe vantait la magnanimité et le caractère aimable, autant que les sentiments libéraux.

Le troisième motif, c'est qu'à la suite de cette demande je fus effectivement nommé général à l'état-major particulier de ce monarque, dès la fin de cette même année 1810; poste que le refus absolu de ma démission, accompagné de menaces, m'empêcha seul d'occuper.

Enfin, le quatrième et dernier motif, c'est que l'ambition démesurée de Napoléon, et son amour excessif de la guerre et des conquêtes, joints aux actes violents du système continental, soulevèrent l'opinion universelle des peuples froissés dans leur indépendance comme dans leurs intérêts les plus chers, et associèrent en quelque sorte mes griefs à ceux de mon pays, aussi bien qu'à ceux de toute l'Europe (1).

En effet, si Napoléon avait été jusqu'en 1807 l'idéal de la gloire et de la grandeur, il faut avouer que sa conduite ultérieure envers l'Europe lui avait singulièrement aliéné tous les esprits, même ceux des Français; et, comme bien d'autres, je n'entrevoyais alors que le côté odieux de ce double despotisme intérieur et international. La grande franchise que je professe, m'oblige à dire qu'à cette époque j'étais animé par des doctrines politiques bien naturelles à un citoyen vaudois, dont la jeunesse s'était nourrie, pour ainsi dire, des grands débats de l'assemblée constituante, et qu'une étude plus approfondie des éléments de gouvernement n'avait point encore éclairé. J'ajouterai enfin, que je partageais avec tout le monde l'opinion, vraie ou fausse, que Napoléon était le seul obstacle à la paix, et ne la voulait à aucun prix. *Une longue expérience, jointe à de nouvelles révélations, a pu modifier sous divers rapports mes jugements de cette époque, mais je dois constater ce que j'en pensais alors avec le monde entier.*

Il serait trop long de discuter ici jusqu'à quel point ces

---

(1) Le système continental appliqué de force à la Suisse me fit perdre tout ce que je possédais, par une circonstance bizarre que je vous ai racontée en détail.

différents motifs devaient me paraître assez puissants pour
légitimer entièrement une démarche capable d'exciter le
blâme de la foule, qui, toujours prompte à juger sur les
apparences, ne pourrait en connaître ni en apprécier les
détails : je me contenterai d'affirmer que ma conscience
ne me reproche rien, et que je crois en avoir autant que
qui que ce soit au monde : la position dans laquelle on
m'avait placé, et les passions du temps qui bouillonnaient
autour de moi, me justifieront aux yeux de tout homme
de cœur impartial.

Maintes voix se sont élevées pour m'accuser de défection.... Mais qui n'a donc pas fait défection à Napoléon?
L'Allemagne entière, la Hollande, la Suède, la Suisse, son
beau-frère Murat, son royaume d'Italie, qu'il affectionnait
tant, ne se sont-ils pas soulevés contre lui? Et les Français
eux-mêmes, avec leurs chambres récalcitrantes, leur sénat,
tour à tour rampant et factieux, ne l'ont-ils pas aban-
donné!! N'ont-ils pas reçu en libérateurs les princes ligués
qui venaient lui ravir son trône comme le seul moyen de
rendre la paix à l'Europe saccagée depuis les bords du
Tage jusqu'à ceux du Volga? Pourquoi donc me serais-je
laissé humilier par de mauvais traitements, pour le seul
plaisir de servir un grand homme de guerre dont la do-
mination soulevait tant d'animosités!

On demandera alors: Pourquoi le serviez-vous, pourquoi
ne vous retiriez-vous pas? Ma réponse est déjà connue;
n'avais-je pas demandé et insisté sur ma démisson dès
1810? ne m'étais-je pas rendu, à cet effet, d'abord en
Suisse et ensuite en Bavière, où j'assistai au mariage du roi
actuel, et où je demandai du service à M. de Montgelas,
afin de ne pas passer directement du service de France à

celui de Russie? Ne m'obligea-t-on pas à revenir malgré
mes instances? Non-seulement M. de Rouhière, chargé
d'affaires en Suisse, me signifia de partir, mais il m'assura
que je compromettrais mon pays si je résistais. Le duc de
Feltre fit plus encore; car, lorsque j'insistai sur ma démission, après ma rentrée à Paris, il me menaça formel-
lement du donjon de Vincennes si je persistais dans cette
demande. Un tel abus de pouvoir me semblait un double
attentat à mon indépendance et au droit commun; car
il n'existe pas de gouvernement en Europe qui voulût
forcer un officier étranger à être général malgré lui, et
qui lui refusât sa démission en pleine paix. Je n'aurais
certes pas manqué de résister à un pareil acte, si le ministère russe, dirigé par le comte Romanzof, ignorant
les intentions positives de l'empereur Alexandre, n'avait
pas hésité lui-même à se compromettre envers Napoléon,
et retardé l'envoi de mes diplômes et passe-ports : acte de
faiblesse que l'empereur Alexandre désapprouva hautement
en ordonnant ensuite l'envoi de ces pièces, qui arrivèrent
trop tard à Bâle, après que j'eusse été obligé de reprendre
mon poste à Paris. Il est vrai que l'on me tint compte de
cette soumission forcée, en m'accordant un grade auquel
mes services, durant quatre rudes campagnes, me don-
naient certes déjà assez de droits : mais un grade n'était
pas le principal but de ma carrière; c'était l'estime et la
considération des militaires éclairés et de Napoléon lui-
même que j'ambitionnais, et j'aurais servi toute ma vie,
comme officier supérieur, sans ambitionner d'autre titre,
si l'on m'avait donné des marques publiques de cette considération à laquelle j'aspirais : un grade imposé comme
une obligation de subir de mauvais traitements ne faisait

point mon affaire; j'aurais mille fois préféré ma liberté.

Quelque contrarié que je fusse de n'avoir pu aller prendre en temps opportun le poste qui m'avait été offert près de l'empereur Alexandre, j'aurais sans doute respecté les liens que l'on m'avait imposés à la place de ma démission, et j'aurais continué à remplir mes devoirs, sinon avec enthousiasme, du moins avec fidélité envers le grand capitaine, et dévouement envers ma propre gloire, sans les événements extraordinaires qui suivirent la bataille de Bautzen, et que je dois retracer succinctement.

J'avais rendu, dans cette bataille célèbre, dont l'importance a été en général fort mal comprise, des services qui ne seront probablement jamais bien connus ni entièrement appréciés. Ils étaient si évidents, que le maréchal Ney lui-même (dont j'étais alors chef d'état-major), bien qu'il ne les sût pas dans toute leur étendue, sollicita avec instance ma promotion au grade de général de division, comme récompense de ce qu'il en avait pu juger, et par suite d'un sentiment de justice qu'il ne me refusa jamais, malgré nos étranges démêlés. Au lieu de cet avancement, demandé de la manière la plus pressante, vous avez vu, dans la correspondance sus-mentionnée, *que l'on m'infligea les arrêts d'une manière brutale; et, ce qui était bien pire encore; je fus mis à l'ordre du jour de l'armée comme un général remplissant mal ses fonctions; enfin, pour combler la mesure, on m'envoyait cette belle dépêche par le courrier même du cabinet de l'empereur, dont je devais payer le voyage à mes frais.*

Jamais, depuis la suspension du général Valette à l'affaire de Castiglione, les annales de l'état-major français n'avaient retenti d'un pareil traitement!! Vous allez sans doute me demander quel crime j'avais commis pour être outragé de la sorte! et pour me voir flétrir à la face de toute l'Europe militaire au moment où je croyais avoir mérité les plus honorables récompenses, et où mon chef les réclamait pour moi? J'ai honte de le dire, c'était uniquement pour un retard forcé de quelques jours dans l'envoi d'un misérable *état de situation détaillé*, que les chefs d'état-major étaient dans l'usage d'envoyer tous les quinze jours, et auquel j'avais été obligé de substituer, pour cette fois seulement, un *état sommaire*, parce que la division Souham, entièrement composée de régiments provisoires, et ayant eu huit mille hommes hors de combat dans les dernières batailles, se trouvait dans l'impossibilité de me fournir les détails demandés. Ridicule et puérile chicane de chancellerie, qui à mes yeux ne pouvait être que le résultat d'une infâme persécution du prince de Neuchâtel, et que j'ai encore peine à m'expliquer de la part de Napoléon.

Je n'ai pas besoin de grands efforts pour vous dépeindre le sentiment d'indignation que j'éprouvai à la lecture de ce fatal ordre du jour; car, après vingt-huit ans révolus, le souvenir seul m'en fait monter tout le sang à la tête! J'en fus d'autant plus révolté, qu'au moment où je le reçus, le fameux état de situation qui en avait fourni le prétexte était parti pour Dresde depuis deux jours et arrivé à sa destination.

Le célèbre connétable de Bourbon écrivait à François Ier : « qu'il supporterait toutes les injustices dont il « avait à se plaindre, mais qu'il ne descendrait jamais jus-« qu'à supporter l'injure et l'humiliation.» Sans me croire un connétable de Bourbon, j'étais mû par les mêmes sentiments, et je n'étais point lié comme ce prince par des devoirs envers le pays où l'on me traitait de la sorte; j'avais de plus le souvenir tout récent de la bienveillance que me témoignait l'empereur Alexandre, et mon ressentiment ne pouvait que s'en accroître.

Flétri à mes propres yeux, si je souffrais une pareille injure à la face de l'armée entière; tout plein encore de ce qui s'était passé en 1810; persuadé que j'allais combattre pour rendre l'indépendance et le repos à l'Europe, je n'hésitai pas à prendre mon parti. Profitant donc de l'armistice, je m'empressai d'informer l'empereur de Russie que j'étais prêt à occuper le poste qu'il avait daigné m'assigner trois ans auparavant, s'il était encore dans ses intentions de me le confier, malgré les négociations entamées et qui pouvaient amener la paix. Sa réponse affirmative et pleine de bienveillance me rangea à l'instant sous ses drapeaux. Maître, selon moi, de disposer de mon bras et de ma tête, je les consacrai l'un et l'autre au service de cet auguste monarque, avec autant de loyauté et de dévouement que j'en avais mis à servir Napoléon. Je sais fort bien qu'il eût été plus convenable de le faire en 1810 d'une manière simple et légale; aussi n'avais-je rien négligé pour y parvenir; la contrainte seule m'en avait empêché, ainsi que je l'ai déjà démontré. Le moment de l'armistice, combiné avec celui d'une injure criante, fut donc le seul qu'il me fût permis de choisir; un juste ressentiment l'emporta sur tous les scrupules d'un vice de forme, parce que j'avais le profond sentiment que le bon droit était de mon côté.

Du reste, loin d'aggraver cette démarche en faisant aux alliés des confidences contraires à mes devoirs, je mis dans mes rapports avec eux une délicatesse et une réserve que mes détracteurs n'y eussent sans doute pas apportées, et qui me valurent même les louanges publiques de l'empereur Alexandre : vous pourrez vous en convaincre par les faits que je vais vous citer ; détails fastidieux, peut-être, mais qui vous feront juger de la conscience avec laquelle j'ai rempli mes devoirs dans toutes les circonstances de ma carrière.

Au moment où je reçus de l'empereur de Russie l'assurance qu'il m'accueillerait avec le même empressement qu'en 1810, l'armistice fut rompu pour reprendre les hostilités le 16 août. Deux ou trois jours après, le maréchal Ney reçut les nombreux avancements sollicités pour son corps d'armée ; il n'y en avait pas moins de cinq à six cents ; mon nom et celui du capitaine Koch, mon aide de camp, étaient seuls rayés du tableau de proposition. Cette nouvelle mystification était naturellement bien propre à redoubler mes griefs et à rendre ma résolution plus excusable. Cependant, je dois l'avouer avec franchise, cette résolution était déjà irrévocablement prise dès le jour où ces arrêts et cet ordre du jour humiliants m'avaient si cruellement frappé. La raison en est fort simple ; car, autant il eût été absurde de prétendre imposer à un gouvernement l'obligation de me donner de l'avancement, quelque mérité qu'il pût être, autant je me croyais en droit de ne pas souffrir une offense assez grave pour porter atteinte à ma propre estime.

Résolu de partir le 14 août, je voulus, en quittant l'armée française, lui rendre encore un service important et dont ma conscience me faisait un devoir. Le maréchal Ney, plein d'une confiance chevaleresque, avait établi

ses camps d'infanterie sur la ligne même de la Katzbach,
où commençait le territoire neutralisé durant l'armistice (1). Son artillerie, dont tous les attelages avaient été
cantonnés dans les villages jusqu'à douze lieues derrière
la ligne, se trouvait ainsi aventurée devant un front que
rien ne couvrait. Je proposai, le 13, au maréchal, de
porter sa cavalerie légère à Wahlstadt, sur le territoire
dont la neutralité cessait par le fait même de la
dénonciation de l'armistice; le but de ce mouvement était
d'éclairer et de couvrir son camp et son quartier général,
qui se trouvait lui-même aux avant-postes avec de nombreux parcs. Le maréchal s'y refusa par un scrupule fort
louable quant à l'intention, mais qui, à mon avis, était
très-mal fondé : le droit des gens exigeait sans doute que
l'on ne commît aucun acte hostile avant le 16 août; mais
il n'interdisait nullement la faculté de faire avancer des
troupes légères pour éclairer les mouvements de l'en-
nemi, sauf à s'arrêter au moment où l'on rencontrerait
ses vedettes.

Macdonald, qui commandait à notre droite, en ju-
gea comme moi, et poussa des reconnaissances sur ce
territoire; Blücher fit bien plus : il y porta cent mille
hommes.

Le maréchal Ney ayant repoussé ma proposition, je
jugeai qu'il pourrait s'en trouver compromis, si Blücher,
mieux avisé que lui et grand amateur de surprises, s'avan-
çait le 15 à proximité des camps pour les assaillir le 16

---

(1) Le terrain situé entre la Katzbach et l'Oder avait été inoc-
cupé par les deux partis et déclaré neutre, afin d'éviter toute col-
lision entre les avant-postes, tant que dureraient les négociations.

au point du jour. Je pris donc sur ma responsabilité d'ordonner à la cavalerie légère du général Beurmann de marcher en toute hâte de Lubben sur Liegnitz, de traverser la ville et de se placer à la rive droite de la Katzbach, afin de couvrir ainsi le quartier général, les parcs et les camps contre toute surprise. En même temps j'ordonnai à toutes les compagnies du train d'artillerie de marcher jour et nuit pour se rassembler à Liegnitz le plus tôt possible. Tout l'état-major du maréchal peut attester quel fut son étonnement au milieu de la nuit, lorsque le bruit des fanfares de sa propre cavalerie, traversant Liegnitz à son insu, vint lui apprendre que j'avais pris soin de le couvrir malgré lui.

Parti dès le matin du même jour pour rejoindre l'empereur Alexandre à Prague, je rencontrai à Jauer le corps du comte Langeron en pleine marche vers la Katzbach, ainsi que je l'avais craint; ce général, auquel je fis observer qu'il violait ainsi le territoire neutre avant l'expiration de l'armistice, me répondit que toute l'armée de Blücher en avait fait autant, mais que du reste on s'arrêterait quand on rencontrerait les postes français. Je me gardai bien, comme de raison, de dire un mot de la position hasardée dans laquelle se trouvaient encore les camps du maréchal Ney.

Le second fait que j'ai à vous signaler n'est pas moins significatif : quatre jours après mon arrivée au quartier général des souverains alliés, me trouvant à table en face de ces monarques, l'un d'eux me demanda quelle était la force du corps de Ney, sans réfléchir sans doute à ce qu'une pareille question avait de pénible pour moi. Je pris la liberté de répondre que Sa Majesté le roi de Prusse avait conservé assez de rapports avec ses autorités de Silésie pour connaître à peu près cette force, mais que dans tous les cas ce n'était point à moi à la divulguer. L'empereur Alexandre me remercia hautement de cette réponse, en me disant qu'elle justifiait la confiance dont il m'avait honoré. A quelques jours de là, je refusai même de communiquer à un général, envoyé par le prince de Schwartzenberg, l'organisation de l'armée en brigades et divisions, bien que la force des régiments n'y fût point indiquée, ne voulant pas que le moindre reproche pût m'être fait à ce sujet.

Vous pensez bien, Monsieur, d'après trois faits semblables, que j'aurais été fort peu disposé à communiquer aux alliés un plan entier d'opérations qui m'eût été confié par suite des fonctions que je remplissais dans l'armée française. C'eût été là un acte de félonie qui m'eût perdu dans l'esprit même de l'empereur Alexandre, dont la confiance était désormais mon unique fortune. Je me serais donc bien gardé d'un pareil acte, non-seulement pour mon honneur et par sentiment de mes devoirs, mais encore pour mon propre intérêt.

Du reste, ma correspondance avec le baron de Monnier et avec M. Cassaing vous aura déjà prouvé que je ne connaissais point le plan de Napoléon dont le maréchal Ney ne voulait me donner communication que le lendemain de mon départ. Bien loin d'avoir annoncé ou même soupçonné un mouvement de l'empereur sur Berlin, j'aurais regardé cette marche comme une véritable faute stratégique, et s'il est vrai qu'il en ait eu un moment la pensée, ce ne put être qu'une démonstration politique. J'étais persuadé au contraire que Napoléon se jetterait avec toutes ses forces sur Prague, basant ensuite sa ligne d'opérations sur les vallées du Mayn et du Danube, maintenant la Bavière dans ses intérêts, prenant enfin la grande armée des souverains à revers pour la refouler par Leipzig sur la rive gauche du bas Elbe, où elle eût été perdue, puisque tous les ponts fortifiés sur ce fleuve étaient au pouvoir des Français. Telles furent en effet les premières pensées que je soumis au jugement de l'empereur Alexandre, et qui furent converties en deux instructions rédigées par moi et adressées à Blücher et au prince royal de Suède, afin de leur indiquer ce que leurs armées respectives devraient faire dans cette supposition qui n'avait point été prévue par le plan d'opérations de Trachenberg. Vous voyez donc, Monsieur, que l'écrivain Schoel, et d'autres après lui, ont été induits en erreur par certain bulletin du prince royal de Suède, trompé sans doute lui-même par de faux rapports.

De tout ce qui précède vous conclurez, je pense, que l'on m'a généralement fort mal jugé. S'il est vrai que pour cette gloire à laquelle j'aspirais et pour mes plus chers intérêts. il eût mieux valu que tout se fût passé autrement, je puis dire du moins que je n'ai cédé qu'à l'inspiration de sentiments généreux, et renvoyer ceux qui pourraient en douter au témoignage de Napoléon lui-même (*Mémoires dictés à Montholon*, tome Ier). La justice tardive qu'il m'a rendue me console de bien des ignobles calomnies auxquelles je n'ai pas cru devoir répondre.

Tout le malheur de ma carrière provint de ce que le sort ne me fit pas naître Russe ou Français; placé, par ma naissance, dans une de ces situations équivoques où l'on ne

sert que pour acquérir de la considération et de la gloire
militaire, je ne pouvais me résoudre à servir pour des
humiliations et des mauvais traitements, quand ils n'é-
taient point balancés par l'amour du pays. Le pis de
cette déplorable situation, c'est que les Russes me repro-
cheront les services que pendant quinze ans j'ai rendus à
la France, tandis que les Français me reprochent ceux
que j'ai rendus contre eux, et cependant je puis dire à la
face du ciel que, sous ces deux drapeaux, j'ai servi avec
zèle, dévouement et loyauté. La manière dont j'ai com-
battu à Bautzen, contre un souverain qui, trois ans auparavant, m'avait désigné pour être attaché à sa personne, et les services que je lui ai rendus plus tard à
Jungferteinitz, à Dresde, à Culm et à Leipzig, attestent
mieux que toutes les phrases du monde à quel point je
fus esclave de mes devoirs. Je ne me fais point un mérite extraordinaire de ce dévouement, car je pense, avec
tout être raisonnable, *qu'un officier servant un pays
étranger lui doit sans réserve ses talents et son sang
tant qu'il a l'honneur d'en porter l'uniforme.* Aussi, loin
de m'en vouloir des services rendus contre ses drapeaux,
alors que c'était dans la ligne de mes devoirs, l'empereur
Alexandre, qui ne les ignorait point, ne m'en témoigna que
plus d'estime.

Il est temps du reste de quitter ce sujet déjà tant re-
battu, afin de relever un autre passage de votre livre
concernant une prétendue négociation que j'aurais en-
tamée avec Berne, dans le but d'amener la violation de
la neutralité suisse. Non-seulement c'est une insigne ca-
lomnie, c'est même entièrement le contraire de ce que
j'ai fait. Sans doute vous aurez été ici encore induit en

erreur par quelque pamphlet, en répétant une assertion dont l'état-major des alliés et mon pays entier peuvent attester la fausseté. Pour vous en convaincre, il suffira de rétablir la vérité en peu de mots.

La bataille de Leipzig ayant décidé de l'indépendance des nations, j'étais convaincu que toutes auraient pu faire une paix honorable et avantageuse si la modération avait présidé à leurs conseils dans une égale mesure. Je regardais donc ma tâche comme accomplie, ne me souciant point, si la guerre continuait, d'entrer à main armée dans cette France qui n'était point mon pays, mais que je servais encore peu de mois auparavant. Ce scrupule, que bien des personnes n'ont pas su apprécier, me paraît cependant un titre de plus à l'estime des honnêtes gens (1). En conséquence j'avais quitté l'armée alliée dès Weymar, lorsque je fus rappelé au quartier général des souverains par la marche inopinée des Autrichiens vers Bâle et Schaffouse, qui me paraissait menacer mon pays. Je volai donc à Francfort, où j'eus le bonheur de rendre un service signalé à la Suisse, comme je l'avais déjà fait à Leipzig dès le lendemain de la bataille, et comme je le fis encore à Carlsruhe aussi bien qu'à Fribourg en Brisgau, en insistant sur le respect de son territoire et sur le maintien des principes qui avaient présidé à l'acte de médiation. Je savais bien que la neutralité de la Suisse, basée sur les intérêts manifestes des

---

(1) Des généraux russes m'ont aussi fait ce reproche, mais bien à tort : que penseraient-ils eux-mêmes d'un officier qui, après avoir bien servi leur pays, irait dans la même année porter le fer et le feu jusque dans Pétersbourg ?

puissances voisines, était la sauvegarde de son indépendance autant que de sa prospérité : si l'Helvétie devait rester un champ clos où les masses belligérantes viendraient
se heurter à chaque conflit, ses belles vallées seraient
bientôt livrées à la dévastation et changées en un désert.
Mieux vaudrait dans ce cas s'agréger, sous de bonnes
conditions, à une grande puissance qui protégerait du
moins son sol et favoriserait sa précieuse industrie.

Ces vérités, que j'exposai à l'empereur Alexandre en y
ajoutant diverses considérations d'intérêt particulier à son
empire et qui parlaient hautement en faveur de l'indépendance helvétique, le déterminèrent à me promettre
protection pour cette neutralité, sans laquelle la Suisse
ne saurait exister.

M. le comte de Nesselrode n'aura pas oublié sans doute
qu'à Leipzig, dès le lendemain de la bataille, je lui parlai
dans le même but.

Mon retour à Francfort fut d'autant plus opportun
que Sa Majesté avait à recevoir MM. Reding et Wieland,
envoyés de la Diète, et à leur donner une décision.
L'empereur me chargea à cet effet d'avoir une conférence
avec M. de Metternich pour bien poser ce que les Autrichiens voulaient de la Suisse.

La mission était délicate, car j'avais à discuter comme
général russe et comme citoyen suisse; heureusement ces
deux intérêts me paraissaient parfaitement identiques.

J'eus soin d'amener franchement l'habile diplomate sur
le terrain où je devais discuter avec lui sous le double
rapport stratégique et politique.

Il chercha à me démontrer que l'entrée passagère des
alliés en Suisse était nécessitée par de puissants motifs :

1° Pour avoir un pont solide sur le Rhin qui charriait alors d'énormes glaçons, en sorte qu'aucun pont de bateaux ne pourrait y être conservé, et assurer une retraite si les alliés étaient repoussés.

2° Parce que les Suisses ne pourraient refuser le passage aux alliés, puisqu'ils avaient souffert qu'une division française (je crois la division Boudet) passât dans cette même année 1813 par Bâle, en se rendant de l'Italie en Saxe; circonstance qui, toute considération militaire à part, donnait aux alliés un puissant intérêt à exiger de la Suisse une entière réciprocité.

3° Parce que l'occupation de Genève et du Simplon serait décisive pour les Autrichiens qui combattaient en Italie, attendu qu'elle amènerait forcément l'évacuation de la Lombardie, sans laquelle aucune paix ne serait possible.

Sur les premiers points, j'objectai que si Napoléon avait abusé de sa puissance pour violer des territoires neutres, ce n'était point une raison pour l'imiter, et qu'en montrant plus de respect pour leurs droits, ce serait le moyen de s'attacher les Suisses. J'ajoutai que si par malheur les alliés éprouvaient des revers, ou que les ponts de bateaux fussent enlevés par les glaces, il serait toujours temps de songer à se saisir du pont de Bâle, si la Suisse ne le cédait pas de bonne volonté: on y serait alors autorisé par la suprême loi du salut de l'armée, avec bien plus de justice que la division Boudet qui aurait fort bien pu passer à Strasbourg. Qu'au surplus, si l'on tenait à obtenir des Suisses une parfaite réciprocité, on pourrait négocier avec eux pour placer le cordon de neutralité à deux lieues en arrière de Bâle, vu que ce pont avait été *déneutralisé* peu de mois auparavant; condition qui sauverait la Suisse et ne pourrait certainement être refusée.

Quant à la marche sur Genève, j'observai que cette ville étant alors un département français, je n'avais point à m'en occuper; mais je représentai néanmoins qu'en passant le Rhin au-dessous de Bâle, on pourrait gagner Genève par le territoire de Bienne et de Neuchâtel qui n'était point Suisse à cette époque; on le pouvait même par la vallée du Doubs avec plus d'avantage, puisque le corps qu'on y porterait, resterait ainsi mieux lié avec la grande armée des souverains. M. de Metternich m'assura qu'il n'avait rien à opposer à des propositions qui rentraient ainsi dans le but qu'il avait en vue, et qu'il allait s'en expliquer immédiatement avec Sa Majesté elle-même; ce qui eut lieu en effet. Lorsqu'il sortit du cabinet de l'empereur, S. M. me dit, en sa présence, que mon pays serait satisfait et que les députés de la Diète en recevraient l'assurance à l'audience du lendemain.

M. de Metternich, en donnant ces espérances, ignorait-il les menées de son ministre à Berne, pour engager l'ancienne oligarchie à réclamer la présence des alliés en Suisse? C'est ce que je ne saurais affirmer; mais il est constant que ce fut à Lœrrach, quinze jours après, que les députés de Berne provoquèrent l'état-major autrichien à entrer en Suisse en l'absence des souverains.

Tout le monde sait donc bien que si la Suisse fut envahie, ce fut contre la volonté de l'empereur Alexandre, contre les assurances que j'avais obtenues en son nom de M. de Metternich, et contre celles qui furent données le lendemain aux députés Reding et Wieland. Chacun sait aussi que ce fut au contraire par l'intercession de ce puissant monarque que les cantons de Vaud et d'Argovie furent sauvés, et cette intercession eut lieu sur mes instances réitérées. Tout l'honneur de ce que j'ai fait là est resté à M. de Laharpe, bien qu'il fût arrivé trois mois après que toutes les questions étaient déjà décidées par l'empereur Alexandre, et les instructions données en conséquence à M. Capo d'Istria. Je ne contesterai point à M. de Laharpe le mérite d'avoir achevé l'ouvrage, tant à Paris qu'au congrès de Vienne, mais qu'on me laisse du moins l'honneur d'y avoir contribué au moment le plus critique et le plus décisif.

Loin d'avoir traité avec l'oligarchie bernoise, qui d'ailleurs n'était plus un pouvoir politique, je lui ai été hostile, par la bonne raison qu'elle reposait sur le système monstrueux de la propriété d'une ville seule sur tout un pays; système qui, aujourd'hui, ne trouverait pas un défenseur en Europe. Si Berne, se contentant d'être une aristocratie puissante, eût donné les droits politiques aux notables-du canton et renoncé à ses prétentions oligarchiques, j'aurais été le premier à reconnaître qu'elle devait être le centre de tous les grands intérêts helvétiques : ses prétentions exclusives me rangèrent parmi ses adversaires. Du reste, en se servant d'elle pour arriver à ses fins, le cabinet de Vienne joua parfaitement son rôle, tout en ménageant les convenances avec ses alliés; il voulait enlever le Simplon et substituer son influence en Suisse à celle de la France; il eut le talent de se faire prier pour violer la neutralité qui le gênait, en sorte que la Russie n'eut aucun motif plausible de se formaliser d'une violation déjà consommée, et présentée même comme un vœu du pays.

Je m'aperçois que ma lettre est déjà bien longue, mais quelque hâte que j'aie d'en finir, je crois néanmoins devoir ajouter ici une dernière explication.

En lisant ces lignes avec attention, en vous identifiant à ma position personnelle, en vous reportant à l'esprit d'ambition qui agitait jusqu'aux plus obscurs officiers de la grande armée, en vous retraçant enfin l'esprit d'indépendance et d'émancipation qui travaillait au contraire toute l'Europe, et animait les magistrats même de la France, ma démarche n'aura rien que de naturel à vos yeux ; mais vous partagerez peut-être l'étonnement des personnes, qui, trompées par les apparences, m'ont reproché d'avoir singulièrement changé, en consacrant ma plume à la défense de ce même Napoléon que j'accusais de tant abuser de son pouvoir. Eh bien, je soutiens que ce reproche d'une prétendue contradiction m'honore et prouve à la fois ma loyale impartialité et mon caractère désintéressé. J'ai été saisi d'une noble indignation en entendant donner aux glorieux soldats de Napoléon l'épithète de brigands de la Loire ! ! J'ai rougi de voir une grande nation jeter la pierre à un illustre exilé, au point de lui donner le nom d'Ogre corse, comme de trop fameux publicistes l'ont fait. J'ai pris la plume pour le venger, à une époque où il était périlleux de le faire. En mettant mes récits dans la bouche même de Napoléon, j'ai cédé à une nécessité de ma position, et cela m'a forcé à être plus partial en sa faveur que je ne l'eusse été en écrivant en mon nom. Comment aurais-je pu me servir du sien pour parler de ses fautes, sans faire valoir tout ce qui pouvait les excuser du moins à ses propres yeux ;

sans exposer l'entraînement auquel il avait probablement cédé ?

Je ne crois pas, du reste, avoir été inconséquent dans le fond : j'ai à la vérité changé de manière de voir sur les principes de gouvernement intérieur appliqués à l'Empire, parce que je crois qu'il n'y a que les sots qui prétendent rester infaillibles, et ne veulent rien apprendre ni rien oublier ; je n'ai donc fait que mon devoir en rendant justice à Napoléon sous ce rapport ; mais je n'ai jamais changé d'avis sur ses relations avec les puissances européennes et sur son projet de monarchie universelle. Jusqu'à la paix de Tilsit il m'était apparu à la fois comme le plus grand des capitaines et des hommes politiques ; je le servis avec ardeur, et lui présentai même à Berlin des mémoires pour consolider son glorieux empire. Si plus tard les expéditions d'Espagne et de Russie, le traitement qu'il fit subir à la Prusse, à la Hollande, à la Suède, à l'Allemagne tout entière, modifièrent mon admiration, sous le rapport politique surtout, ce n'était point un motif pour méconnaître ses grandes qualités. Je pus ne voir en lui qu'un conquérant jaloux d'effacer la gloire de tous ceux qui l'avaient précédé et ayant sans cesse les expéditions d'Alexandre, de César et de Charlemagne présentes à l'imagination comme un pénible cauchemar, tant il avait à cœur de les surpasser tous. Je pus avec raison lui reprocher d'avoir visé à une gigantesque renommée plutôt qu'à fonder un empire durable et propre à tenir la balance entre les prétentions despotiques de l'Angleterre et le continent européen. Mais ce n'était pas encore une raison de déprécier la grandeur de son génie et de lui prodiguer les outrages.

Au demeurant, si j'ai modifié mes idées quant au système de Napoléon pour le régime intérieur de la France, si de plus j'ai acquis la conviction que beaucoup de ses agressions furent motivées par sa lutte corps à corps avec l'Angleterre, avec laquelle je ne pense pas qu'il ait jamais pu faire la paix à des conditions honorables et solides, je n'en reste pas moins convaincu que son despotisme envers l'Europe et même envers ses meilleurs alliés fut une faute capitale qui précipita sa chute. Il voulut faire à lui seul et par une monarchie universelle impossible, ce qu'il eût pu obtenir plus sûrement par un bon système d'alliances et par une sage influence basée sur la gloire, la justice et la modération.

Je n'ai à répudier aucun de ces points de vue qui dominent tous mes ouvrages, et en définitive on me permettra de préférer mon rôle, soit comme général, soit comme historien, à celui des utopistes français qui se vantaient d'avoir introduit assez de *libertés* dans l'acte additionnel pour renverser son trône, ou à celui des factieux qui ont sonné le tocsin contre sa personne, alors que ses ennemis menaçaient le sol et l'indépendance de la France. Ce qui est certain, c'est que personne, dans son empire, n'avait autant de droit que moi de renoncer à le servir, c'est que j'ai eu le courage de repousser ce que je regardais comme une oppression, alors qu'il était encore dans sa toute-puissance et non quand il fut accablé et réduit à défendre son propre territoire. Je dirai plus : c'est que si j'avais été Français, je ne l'aurais quitté ni en 1810, ni en 1813, bien moins encore en 1814; et s'il existe une justice humaine, je ne redoute pas plus le jugement de la postérité que celui de mes contemporains qui ont pu être bien informés de mon caractère et des circonstances que je viens de retracer.

Vous en serez convaincu, j'espère, par la sincérité de ces explications.

Agréez l'assurance de ma haute considération,

GÉNÉRAL JOMINI.

Paris, 1ᵉʳ février 1841.

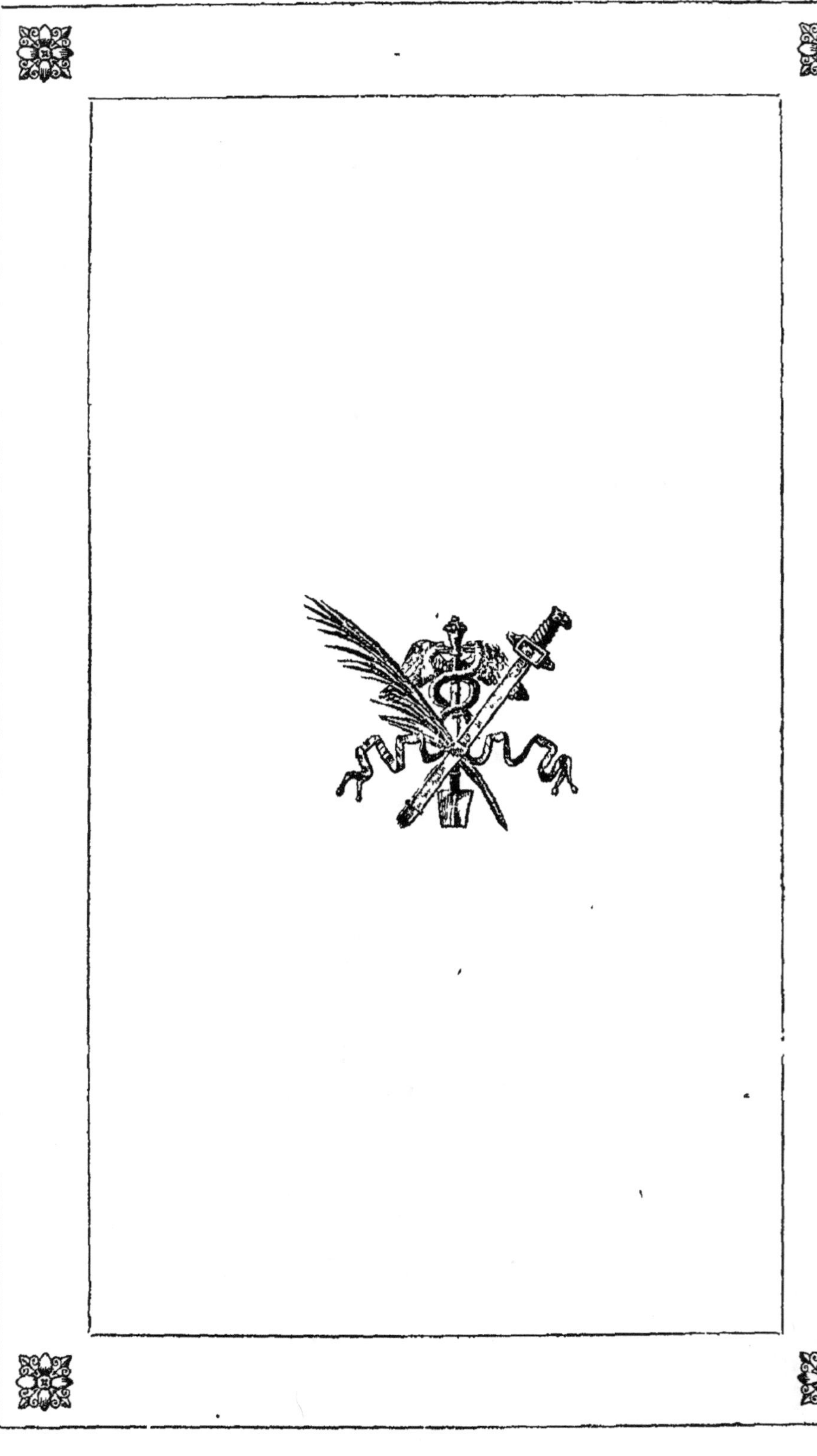